1　はじめに：「はんなり」とした会話を目指すために

　京都の「京」という字も「都」という字も、どちらも「みやこ」という意味である。現在もその歴史的価値を色褪せさせていない京都は、かつて長きに亘って日本最大の都市として繁栄していた。今の東京やニューヨークといった都市がそうであるように、大きな都市であった京都には、様々な場所から様々な出自を持つ多様な人々が住んでいた。

　このような背景のもと、京都では独特のコミュニケーションスタイルが発展した。京都の住民は、隣人がどのような出自や背景を持っているかを必ずしも知ることはなかった。この不確実性は、人々が互いに敬意を払い、控えめで礼儀正しい対応をする文化を育んできたのだ。これは「はんなり」という言葉で表現されることが多く、この言葉は穏やかさや優雅さ、洗練された雰囲気を意味する。

　京都の人々は、この「はんなり」としたコミュニケーションを通じて、お互いの個性や背景を尊重し、調和を保つことを重視してきた。例えば、言葉遣いひとつをとっても、相手の立場や気持ちを慮り、適切な表現を選ぶことに細心の注意が払われる。このような思慮深いコミュニケーションスタイルは、京都独自の文化や伝統の中で培われ、今日に至るまで大切にされている。

　時に上品に、時に柔らかく、時には曖昧に、京都の人々は昔から「はんなり」としたコミュニケーションを上手に使いこなし、お互いに気持ち良い人間関係を築いてきた。このような独特のコミュニケーションスタイルは、単なる言葉遣いやマナーにとどまらず、深い文化的意味を持っている。京都人の間では、相手を尊重し、自分を抑えることで、和やかで温かな関係を保つことが美徳とされてきた。

　本書では、そんな京都独特のコミュニケーションスタイルを深く掘り下げ、その背景や意味、実践方法を学んでいく。京都の人々がどのようにして相手の気持を察し、どのように言葉を選び、またどのように非言語的なコミュニケーションを用いるかなど、京都のコミュニケーションの奥深さを理解することで、読者の皆様もより洗練されたコミュニケーション能力を身につけることができるであろう。

　この文化的なコミュニケーションは、京都だけでなく、日本全体、さらには国際的なコミュニケーションにおいても有効なツールである。礼節を重んじ、相手を尊重する姿勢は、どの文化においても重要な要素である。この本を通して、読者の皆様が京都の「はんなり」としたコミュニケーションの魅力を理解し、自身の日常や職場でのコミュニケーションに活かしていただければ幸いである。

　本書を通じて、読者の皆様が京都の独特なコミュニケーションスタイルの本質を理解し、その豊かな文化と歴史を体感していただけることを願っている。さあ、京都の美しいコミュニケーションの世界へ一緒に旅をしようではないか。

JN117662

2 会話の基本は挨拶から

2.1 挨拶の心理的効果

　マナー教室などにおいても、講師が最初に教える内容は挨拶が会話の基本であるということだろう。挨拶の本来の目的は、会話を始める際の礼儀や敬意を払うことである。またそれだけでなく、挨拶には心の働きも存在する。挨拶を交わすことで、相手は安心感を得やすく、話しやすい雰囲気を作り出すことができるのだ。

2.2 挨拶の種類とタイミング

　挨拶にはさまざまな種類が存在する。「おはようさん」や「こんにちは」といった日常的な挨拶から、特定の場面や文化に合わせた挨拶まで、多くのバリエーションがある。挨拶のタイミングも重要で、人に会った直後や、メールやチャットを始める際にも、適切に挨拶を交わすべきである。以下に代表例を列挙する。

挨拶	どんな時？
おはようさん	朝の挨拶
こんにちは	昼の挨拶
こんばんは	夜の挨拶
さいなら	お別れするとき
おおきに	お礼をするとき
かんにんえ	謝るとき
おきばりやす	励ますとき
おいでやす	一見さんやおのぼりさんをお迎えするとき
おこしやす	親しい人をお迎えするとき

　西の方には、顔を合わせれば「儲かりまっか？」「ぼちぼちでんなぁ」を挨拶のように交わす、大変にお金にがめつい民族がいると聞いたことがある。世も末である。

2.3 褒めるひとことで好感度アップ

　挨拶の後に相手をひとこと褒めることも推奨される。そのひとことがその後の会話に役立つことは多い。実際、人は褒められることで自信を持つようになり、好意を感じやすくなる。このような小さな工夫により、相手が心地よさを感じる可能性は高まるのだ。
　例えば、相手が「えらいおしゃれ」な服装をしている時に、「そのお召し物、えらい顔映りがよろしおすなぁ」とひとこと言うだけで、その効果は大きい。その際、真意がしっ

かり伝わるように、笑顔で話すことが重要である。このひとことが与える影響は、「服の良さを褒められた」ということ以上である。それは、あなたが相手の努力やセンス、配慮に気付いていると感じさせることである。このような細やかな配慮は、その後の会話がスムーズになるだけでなく、相手があなたに対して感じる信頼や親しみを高めやすくなる。

したがって、挨拶の後のひとことは決して小さなものではない。それが好感度を上げ、その後のコミュニケーションを円滑に進め、良好な人間関係を築く基盤が形成されることが期待される。

まとめると、挨拶とそれに続く褒め言葉は、相手が好意や信頼を感じる効果を持ち、それがその後のコミュニケーションや人間関係にも大いに役立つと考えられる。

2.4 異文化における挨拶

世界的な流行り病もかなり落ち着き、読者の皆様も海外から来た方々と交流する機会が増えていると思う。このような異文化交流での挨拶には特に注意が必要である。例えば、日本ではお辞儀が一般的であるが、西洋文化では握手が主流だ。文化や習慣に敏感であることで、よりスムーズなコミュニケーションが可能になるのである。

3   相手の出身に注意を向ける

コミュニケーションの本質は、相手を理解し、敬意を表すことである。信頼と親密さを築く上で重要な役割を果たすひとつの例として、相手の出身に関する知識や関心を示すことがあげられよう。というのも出身地に関する質問や話題は、一般的に無難であり、敏感なトピックを避けるのに適している。例えば家族構成や職業、年齢など、個人にとってプライバシーの要素が強いトピックよりも、出身地について話すことは抵抗が少なく、誰もが参加しやすいだろう。また、出身地に関する話題は、一般的に安全で肯定的な会話の入り口となりやすく、相手に自分を開かせることが容易である。これは特に初対面やまだ互いによく知らない状況で特に効果を発揮する[1]。出身地に関する質問や話題は、相手が快適に感じ自然に自分の話をしてくれるように導くことができるのだ。

第一章で述べた通り、歴史的に京都という都市は、現代におけるニューヨークのように職業も出自も文化も違う多種多様な人間が入り乱れるメガシティでありつづけてきた。そんな都市で相手の出身地というものがコミュニケーションの手段となるのは当然のことである。この章では、これらのアプローチを深掘りし、相手の出身地に敬意を表し関心を持つことで、より豊かで意義深いコミュニケーションを実現する方法について詳細に説明する。

---

[1] 当然、相手が答えた出身地についての返答となる話題作りのためのカードを持っておく必要がある。

3.1 出身地の重要性：文化とアイデンティティの理解

初対面の場での会話において相手の出身地に興味を示すことは、話題の幅を広げるだけでなく、相手に対する敬意を伝える手段となる。「あなたはどちらのご出身ですか？」といった質問やその返答に続く、地域に根ざした問いかけは相手に自己開示の機会を与え、またその地域の文化や特性に対するあなたの興味を示すことになる。こうした質問は、相手が自分の背景について語ることを奨励し、より深い人間関係への扉を開くことができるのだ。

また、相手の出身地に関する自身の知識や経験を共有することも、共感や共通の理解を生み出す効果的な方法である。「私も以前、あなたのご出身地を訪れたことがあり、その時の経験は今でも鮮明に覚えています」といった共有は、共通の話題を見つけるための良い出発点となるだろう。その際に相手の出身地におけるエピソードを詳細に語れるとより効果的である。

人々が自分の出身地と強く結びついている理由について話そう。出身地は、その人のアイデンティティの形成において重要な役割を果たし、文化、言語、伝統、価値観など、個人の世界観に影響を与える。例えば、我々京都人は、伝統や礼儀に対する強い意識を持つことが多い。詳しくはないが府下[*2]の方々もきっとそれなりに何らかの価値観を持っていることだろう。知らんけど。ご近所を挙げるとやはり大阪の人たちもお金の話に詳しく、その執着には尊敬の意を抱かざるを得ない。神戸の皆様はなんというかこう大変にシュッとしている[*3]し、滋賀の人たちは事あるごとに「琵琶湖の水止めたろうか」という決めゼリフを飛ばす格好良さを持ち合わせている[*4]。そして奈良の人はほとんど鹿である。

他の地域でも、その地域の歴史、地理、気候、植生、特産物などがめいめいに作用してその地域の文化を形作り、ひいてはその文化がアイデンティティにつながることだろう。人々の出身地が彼らのアイデンティティに強く影響を与えるのは、その地域独自の文化や

[*2] 京都市を除いた京都府内の諸地域のこと。

[*3] 細身である、イケメン、スマートなどを意味する褒め言葉。

[*4] 実際に琵琶湖の水を止めると、滋賀県の陸地の多くは湖面の下に沈む。

慣習が彼らの成長過程や価値観の形成に深く関わっているからである。沖縄の人々は、島の自然や歴史が醸し出すリラックスした雰囲気や、コミュニティに対する強い絆を大切にする傾向がある。北海道では、逆に厳しい冬の気候が地域コミュニティの強い連帯感や生活の工夫を生み出している。

このように各地域が持つ独自の特性は、その地域の人々の考え方や行動に影響を及ぼし、彼らのアイデンティティを形成している。言葉の使い方や方言、料理の好み、祭りや行事、社会的な態度などは、すべてその人が育った地域の文化に根ざしているのである。したがって、人々はしばしば自分の出身地に誇りを持ち、その地域独自の文化や伝統を守ろうとするのである。これは、地域ごとの多様性が日本の文化的豊かさを形成している証と言えるだろう。

3.2 礼儀正しい興味の示し方

実際に出身の話を聞くにあたって、礼儀正しい興味の示し方について話す。まず質問をする際には、相手が快適に感じられるよう敏感な質問を避け、尊重の気持ちを持って接することが大切である。どちらかといえば、質問の仕方よりも質問をした後の方が重要であるが、相手の回答に対しては、真剣な興味と理解を示すことが重要である。例えば、相手が話す内容に共感したり、関連する自分の経験や知識を共有することで、話題をより深めることができるだろう。

A「どちらのご出身でいらっしゃいますか？」
B「東京都です」
A「えらい田舎の方から来はったんやねぇ」

これではよくないのである。

上記の例では、A が B に対して出身地に関する質問をしているが、その後の応答は適切ではない。このような反応は、相手の出身地を軽視したり、先入観に基づいた評価をしているように感じられるかもしれない。このような状況を避けるためには、相手の出身地に関する質問の後、より建設的で敬意を示す応答が求められる。

A「どちらのご出身でいらっしゃいますか？」
B「東京都です」
A「えらい歴史のあるとこからおいでにならはったんやねぇ。天皇さんが長い間お邪魔してます〜」

このような会話の流れは、相手の出身地に対する真剣な興味と敬意を示すと同時に、共感や共通の話題を見つける機会を生み出す。当然のことながら出身地について、どこの土地の出身と言われようと何らかの返答はできるようになるべきである。その準備をしなく

て良いのは、本当に何もない土地である佐賀と栃木だけである[*5]。

　出身地に関する話題を適切に取り扱うことは、相手に対する敬意を示すだけでなく、日本の地域文化の多様性を尊重し、その豊かさを認識する機会にもなる。地域ごとに異なる文化や伝統を尊重し、それを通じて互いの理解を深めることは、多様な価値観を受け入れる上で非常に重要なのである。

3.3　地域差に敏感になる

　海外（特に欧米）に旅行した際に、日本人にむけて現地の方が「ニーハオ」と話しかけこれがトラブルのもととなる（そうでなくても当人の機嫌を著しく損ねる）、といった話はよく聞くことである。海外でのこのような出来事は、文化的な誤解やステレオタイプに基づくものであり、しばしば不快感を引き起こす。特に近いところほど間違えられたくないのである。本当に仲が良ければ、あるいはアイデンティティを同一のものにできていたならば、そもそも国境線は引かれていないのである。結束をあれだけ前面に出している組織、EU（欧州連合）ですらあれだけのゴタゴタを呈しているのである。ご近所付き合いというものは、色々あるのだ。

　日本国内においても同じだろう。近いところほど間違えられたくないのである。日本国内において、地域差に敏感になることは非常に重要である。日本は面積に比べて非常に多様な地域文化を持っている。地域ごとに異なる方言、食文化、伝統、祭り、歴史的背景などが存在し、これらはその地域の人々のアイデンティティに深く根ざしている。例えば、大阪人と京都人は残念ながら近い距離に住んでいるが、お互いに異なる文化的特徴やアイデンティティを持っているため、これを理解し尊重することが重要である。

　これは同じ京都府内に住んでいる人間についても同じことであろう。あまりよく分からないし、むしろほとんど知らないが府下に住んでいる方々にもその土地独自の文化が存在するはずであり、きっと我々京都人と間違えられたくないはずである。実際に例えば京都府の丹後地方はかつて兵庫県の北部（現在の但馬地方ならびに丹波地方）と共に豊岡県[*6]という県であった時期があり、このことからも丹後地方の兵庫県との結びつきの強さが窺い知れる。

　実際に我々は、自分たち京都人と同じアイデンティティを持つ範囲をしっかりと考察しておかねばいけない。尊大すぎるアイデンティティは我々の身を滅ぼすのだ。

　ここでいうところの「京都」とは、決して行政区画でいうところの「京都府」や「京都市」ではない。ブランド、あるいはアイデンティティとしての「京都」と考えていただけると幸いである。例えるなら「関西」が近いだろう。行政区画としての「関西」は定義されていない[*7]が、自らを「関西人」と称する人たちは「関西人」としての誇りやアイデン

[*5] 筆者の友人のうち佐賀と栃木出身は皆、口を揃えて出身の県について「何もないところだ」と言うのできっと本当にそうなのであろう。

[*6] 県設置の数年後、京都府と兵庫県が談合した結果、分割統治することで廃止された。

[*7] じつは「関東」も法律上の明確な定義はない。というかそもそも「〜地方」といわれる範囲に、

6

図1　1872年（明治4年）旧12月の行政区画地図における豊岡県（出典:Wikipedia）

ティティを持ち、自らの話す方言を「関西弁」であるとし、「関西人」以外が真似る下手な「関西弁」のイントネーションに憤り、東海地方との経済的文化的な結びつきの強い三重県に対して「関西」かどうかの判定に頭を抱える。法律上の明確な定義はないが、ブランド、あるいはアイデンティティとしての名称とはそのようなものである。

　話を京都に戻そう。

　ここでの「京都」は法律上の明確な定義の話をしているわけではないという話は前述したが、行政区画でいうところの「京都府」や「京都市」の外を出るわけにはいかない。念のため、ここではより狭い京都市をスタートとしよう。

　現在でこそ京都府に対して面積ベースで18%、人口ベースで過半数を占める[*8]京都市であるが、1889年4月1日に京都市が誕生した当時は非常に狭かった。現在でいうところの上京区と、東山区の大部分、中京区と下京区の東半分、そして左京区の南部の一部分のみである。余談であるが、1889年4月1日は日本で初めて市制が実施された日であり、京都市は全国で誕生した31の市のうちのひとつである。特に国家的に重要な立場にあった東京市、大阪市、京都市の3大市には「市制特例」が適用され、市長は府知事が兼任し、

　　　法律上の明確な定義はない。

[*8] 令和2年現在。

図2　1889年（明治22年）の京都市

職務は府の官吏が代行していた[9]。

　その後約百年の時を経て、京都市は幾度となく周囲の土地の編入を繰り返し、2005年4月1日、京北町の右京区への編入を最後に現在の京都市の市域は完成する。

　そんな巨大都市京都市であるが、このように領地拡大を繰り返してきた経緯を背景に考えると、「京都」をアイデンティティと考える人たちが住む範囲は意外と狭いのではなかろうか。例えば山科区は地図で見ればわかる通り、京都市の中心（あるいは京都盆地）から向かうためには東山[10]を越えなければならず、地理的な隔絶を感じざるを得ない。西京区[11]に至ってはもはやあの大阪府と接するための緩衝地帯のような扱いである。伏見区の大部分と同じく郵便番号が京都市内なのに600番台ではなく610番台であることからもお察しであろう。伏見区は特に京都市の端っこでもあり同じ京都市内であるというイメージは皆無である。ちなみに伏見区は単体で京都府人口2位の市町村である宇治市より人口が多かったりもする[12]。

---

[9] 特例というが、実際には自治が制限された状態であるとも言え、のちにこの3大市の市民の間で特例廃止運動が起こり約10年後の1898年9月末にこの特例は廃止される。

[10] 京都盆地の東側にある山の総称。有名どころでは清水寺や伏見稲荷大社などが立地する地域。

[11] 日本最古の神社とされる松尾大社は西京区にあったりするが、上賀茂・下鴨神社の方が古いという説もある。

[12] 伏見区: 約26万7千人　宇治市: 約18万2千人（2023年4月現在）。

実際にこういった地域に住む方々には、京都市の中心部に行くことを「京都へ行く」と表現することも多くみられる。これは彼ら自身が「京都」というアイデンティティに属していないという意識の露出であると考える。

　さて、話は変わるが京都を1文字で表す漢字に「洛<ruby>らく</ruby>」というものがある。京都で注意深く観察すれば、京都市営バスの「洛バス」や、阪急電鉄の「京とれいん 雅洛」のほか、高校名では洛北/洛南/洛東/洛西と四方位が揃っている[*13]。日本史が好きな方なら「洛中洛外図」という、当時の京都の内外の景観や風俗を描いた屏風絵で、「洛」が京都を示すものだと知っているかもしれない。戦国ドラマでも武将が「上洛」[*14]を目指すシーンが見られるだろう。

　「洛」の字が京都のことを示すようになった起源は中国が唐の時代にまでさかのぼる。当時、唐は複数の都市を首都とする複都制を採用しており、長安城（現在の陝西省西安市）、洛陽城<ruby>かなん</ruby>（現在の河南省洛陽市）、太原城<ruby>たいげん</ruby>（現在の山西省太原市）などが首都であった。洛陽は、「西京<ruby>せいけい</ruby>」と呼ばれていた長安と並んで繁栄していたため、それに相対するかたちで位置関係から「東都」「東京」と呼ばれていた。当時の都である平安京[*15]は右京と左京に区分され、平安京の東にある左京[*16]を「東京」、西にある右京を「西京」と称し、唐の洛陽と長安に倣って左京を「洛陽城」、右京を「長安城」と呼ぶようになった。のちに右京は廃れた[*17]ために京を「洛」で表すようになったのである。

　話はそれたが、個人的にはこの「洛」の範囲、もう少し正確に言うと「洛中」の範囲はかなり「京都」の範囲に近しいと肌で感じる。あるいは「洛中」ならびに「洛外」という概念を現在でも生きた言葉として京都に生きる者に用いているのである。

　先ほど「高校名では洛北/洛南/洛東/洛西と四方位が揃っている」と述べたが、これらの名称は「洛中」外側のどの場所かを示す言葉である。高校名以外でも洛西ニュータウンといった地名や、会社名、店舗名やマンションの名前などにも使われている。

　問題の「洛中」という範囲がどこからどこまでなのかについては、正直なところふわっとしている。いくつかの説があるが、豊臣秀吉が外敵に備えるためならびに鴨川の氾濫から街を守るために築いた「御土居<ruby>おどい</ruby>」と呼ばれる土塁（土を積み上げた堤防）の内側を指すという説や、旧京都市電外周線（東山線、北大路線、西大路線、九条線の総称）と呼ばれる、北大路通-西大路通-九条通-東大路通に囲まれた範囲を指すという説などがあげられる。

[*13] 他に洛水高校、洛星高校、洛陽総合高校がある。

[*14] 京都に入ること。

[*15] 長安城をモデルとして造られた。

[*16] 当時の唐では、天子（皇帝）が北の空に不動の姿で輝く北極星にたとえられ「北に座して南に面す」という天子南面思想により都城では天子の宮殿が北端に置かれた。平安京でも同様であり、当時の平安京を東西で二分すると当然、南を向いている天子（天皇）の視点で東が左で西が右なのである。

[*17] 湿地帯が多く、疫病が流行りやすかったり難工事のために都市基盤の工事が後回しにされがちであった。

図3　御土居と旧平安京の範囲

　そう、「京都」の範囲は狭いのだ。実際に以下のような京都人の発言をよく聞かれるか
もしれない。

A「どちらのご出身でいらっしゃいますか？」
B「京都です」
A「奇遇やねぇ、うちもやわぁ。お兄さんは何京区の出身やの？」
B「……宇治市です」
A「えらい遠いところの『京都』から来はったんやねぇ。おいでやす〜」

　あるいは京都人が「京都出身タレントの〇〇は××出身だから京都出身じゃない」など
とぼやいているのをよく目にすることがあるかもしれない。
　これは一見、謎のカースト意識あるいは差別意識のように見えるかもしれないが、実際
は相手の出身に対する尊重の表れなのである。自国領土の周辺を自分の土地であると主張
して領土問題をたびたび発生させている某国のようなジャイアニズムとは対極とも言える
だろう。その土地にはその土地の文化、風習、歴史、事情、お国柄があるのである。京都
とはそういった様々な地域のうちの一地域に過ぎない。歴史上様々な事情で京都市は周囲
の土地を編入するなどして領土拡大を繰り返してきたが、京都人としてはこれに対する反
省の意を示したい。
　相手のアイデンティティを尊重するためには、アイデンティティとしての京都の範囲は

狭くせざるを得ないのだ。

　これを読んでいる読者の皆様には、まずは自分の出身の地域を見つめなおすことをお勧めしたい。相手のアイデンティティを尊重するためにはまずは自分のアイデンティティを確認することが必要だろう。彼を知り己を知れば百戦危うからず、である。

4　直接的な物言いを避ける

　直接的な物言いは、特に文化的背景や個人の感受性によっては、不快に感じられることがある。これは特に、間接的なコミュニケーションを好む文化圏の人々との交流において顕著である。例えば、日本のような高文脈文化では、言葉よりも状況や非言語的な手がかりが重要な役割を果たす。このような文化の中では、直接的な物言いが無神経であると見なされることが多い。したがって、間接的なアプローチをとることで、相手の感情を尊重し、快適なコミュニケーションの場を作ることが重要である。

　よくある間接的なコミュニケーションの一例として、「あなたは間違っている」と直接言うのではなく、「私たちが考慮すべき他の視点もあるかもしれませんね」と表現する方法が挙げられる。このように柔らかく包んで伝える方法は、対話を続けるための土台を作り、相手を尊重し、その意見を大切にする姿勢を示す。また、文化的な違いを意識し、相手の文化に合わせたコミュニケーション方法を選ぶことは、国際的なビジネスや交流の場面で非常に重要である。

　この章では、直接的な物言いを避ける方法とその重要性について掘り下げ、異文化間コミュニケーションにおける効果的な技術を紹介する。さらに、文化的感受性を高めるための実践的なアドバイスも述べたいと思う。間接的なコミュニケーションスタイルは、互いの理解を深め、信頼関係を構築するための鍵となるのだ。

4.1　文化的感受性の理解と適応

　文化的感受性の向上と適応は、異なる文化的背景を持つ人々とのコミュニケーションにおいて不可欠である。文化的感受性を高めることは、相手の文化的背景や価値観を深く理解し、尊重することを意味する。これは、言語の使い方、非言語的コミュニケーション、行動の解釈、そしてその文化固有のタブーに至るまでの幅広い知識と理解を必要とする。

　文化的感受性を高めるためには、まずは自己の文化的偏見や先入観を認識し、それを乗り越えることが重要である。次に、異文化を学ぶための積極的な姿勢を持つことが求められる。これには、異文化の歴史、社会構造、宗教、習慣などについて学ぶことが含まれる。さらに、実際にその文化を体験することも有効であり、言語の学習、異文化のイベントへの参加、異文化の人々との交流などが有効な方法となる。

　文化的感受性の向上は、コミュニケーションの効果を高めるだけでなく、相互理解と尊重を促進し、より豊かな人間関係を築くための基盤となる。異文化間のコミュニケーショ

ンにおいては、相手の文化的特性を理解し、それに応じた適切なコミュニケーションスタイルを選ぶことが、互いの信頼と尊重を育む鍵となる。

4.2　間接的コミュニケーションの技術

　直接的な物言いというものはやはり角が立つものである。ここでは会話の例を見ていこう。

[シチュエーション：プロジェクト会議にて]
B「私の考えたプロジェクトの提案はこうです。新しい技術を使って、効率を大幅に向上させることができます。皆さんの意見を聞かせてください」
A「うーん、それ聞いてみると面白そうだけど……。あなたの提案は全く実用的ではない。もっと現実的な解決策を考えるべきだ」
B「そんなに批判的な態度を取られるとは思わなかった。もう少し建設的なアドバイスが欲しかった」
C「ちょっと待って。みんなの意見が重要だから、もっと穏やかに議論しましょう。Aさんの指摘も一理あるけれど、Bさんのアイデアも可能性を秘めていると思うよ」
A「ごめん、ちょっと言い過ぎたかもしれない。もう少し柔らかい言い方をすべきだった。Bさん、具体的な提案をもう一度聞かせてくれる？」

　このシチュエーションでは、直接的な批判（Aの発言）が問題を引き起こし、周囲の仲介（Cの発言）が必要になる状況が描かれている。
　このように、物事をハッキリ言うということはトラブルの元なのである。人間というものは、期待が裏切られたときに大きなストレスを感じる生き物である。とくにその期待との乖離が大きければ大きいほどにそのストレスは大きくなる。
　そこで、間接的なコミュニケーションの技術が重要になってくる。間接的なコミュニケーションでは、相手の期待に対してやんわりとしたアプローチを取り、直接的な反論や批判を避けることで、ストレスを軽減し、より穏やかな対話を可能にする。例えば、上記のシチュエーションではAさんは以下のような対応をするとよかっただろう。

B「私の考えたプロジェクトの提案はこうです。新しい技術を使って、効率を大幅に向上させることができます。皆さんの意見を聞かせてください」
A「Bはんのご提案はえらい興味深う感じます。大変よろしおすなぁ（にっこり）。もう少し詳しい部分について後でゆっくり話し合わせておくれやす」
B「本当に申し訳ございません。一度持ち帰った上で再検討させていただきます」

　上記のような間接的な言葉遣いを用いることで、Bさんのアイデアを否定することなく建設的な議論へと導くことができることがお分かりいただけたと思う。
　他の例も見てみよう。

[シチュエーション：恋人同士の夕食時]
B「今日の夕食はどうだった？　僕が考えた新しいレシピを試してみたんだ」
A「食べてみましたえ（にっこり）」
B「でも、あまり食べてないみたい。美味しくなかった？」
A「……」

　このシチュエーションは少々変化球であるので解説しておこう。AさんはBさんを傷つけたくないために言葉を選んでいるが、BさんはAさんの非言語的なサインを見逃している[*18]。これは、コミュニケーションにおいて言葉だけでなく、表情や態度などの非言語的要素が重要であることを示している。特に間接的なコミュニケーションを重視する文化では、これらの非言語的サインが重要な情報を伝える手段となる。

　例えば、Aさんが言葉を選んでいる間に示した躊躇や遠慮がある表情は、AさんがBさんの料理に満足していないことを伝えているかもしれない。このように、言葉に頼らないコミュニケーションは、相手の本当の気持ちを察知する上で非常に役立つ。

　Bさんは以下のような対応を取ると良かっただろう。

B「今日の夕食はどうだった？　僕が作った新しいレシピを試してみたんだ」
A「食べてみましたえ（にっこり）」
B「ごめんね、口に合わなかったよね。次は頑張るよ」
A「おきばりやすぅ」

　このような間接的なコミュニケーションによって、双方の心地よさを保ちながら、互いの気持ちを尊重するコミュニケーションが可能になる。BさんがAさんの非言語的なサインを読み取り、柔軟に対応することで、Aさんの気持ちを尊重し、自分の誤りを認めることができた。これは、特に個人の感情が関わるプライベートな状況では非常に重要である。

　間接的なコミュニケーションは、相手の感情やプライドを傷つけずに意見を伝えるための有効な手段である。それは、直接的な否定や批判を避けることで、相手を尊重し、和やかな雰囲気を維持するために役立つ。また、これによって相手は自分の意見や提案が価値あるものとして受け入れられていると感じ、よりオープンに自分の考えを共有しやすくなる。

　さらに、間接的なコミュニケーションは、文化的な違いに対する理解と敏感さを示すことにもつながる。異文化間でのコミュニケーションにおいては、言葉の選び方や表現方法が大きな違いを生むことがある。このような状況では、相手の文化や背景を尊重し、その

[*18] なお、言語的なサインが発される場合には対象とされる料理によって各々に、具体的かつ過剰に誉められ貶される。その真骨頂として、豆腐単品のうまさを楽しむ京都文化（湯豆腐など）と対比して過剰な味付けをしているという文脈のもとで麻婆豆腐に対し「お豆腐も喜んどるやろうなあ、こんなに味付けしてもろて……」という表現があり、その完成度には畏敬の念を抱かざるを得ない。

文化に適したコミュニケーションスタイルを採用することが重要である。

　この章で紹介した間接的なコミュニケーションの技術は、人間関係を築く上での鍵となる。相手の感情を尊重し、柔軟に対応することで、より深い理解と信頼を築くことができる。これらの技術を活用することで、どのような状況でも効果的なコミュニケーションが可能になり、より良い人間関係を構築することができるだろう。

5　心を通じ合わせる

　コミュニケーションの重要な側面として、心を通じ合わせることが挙げられる。これは単に情報を交換するだけでなく、相手の気持ちや価値観を理解し、共感することを意味する。共感する能力は、相手との深い関係を築く上で不可欠である。人々は自分の感情や考えが理解され、尊重されていると感じた時によりオープンになり、信頼関係を築くことができるのだ。つまり「阿吽（あうん）の呼吸」が達成されるのだ。

　この「阿吽の呼吸」、つまり無言の理解や共感を生み出すためには、まず自分自身が相手の立場に立って物事を考えることが重要である。相手の状況、感情、背景を考慮に入れることで、言葉を超えた理解が生まれる。これは、単に相手の言葉を聞くだけでなく、その言葉の背後にある意味や感情を読み取ることを意味する。相手が何を言っているかだけでなく、なぜそう言っているのかを理解しようとする姿勢が重要である。

　また先ほども触れたが、非言語的コミュニケーションの理解も重要である。身振り手振り、表情、声のトーンなど、言葉以外のコミュニケーション手段を通じて、相手の真の感情や意図を読み取ることができる。例えば、相手の微細な表情の変化や声のトーンの変化に注意を払うことで、言葉だけでは伝わらない感情やニュアンスを感じ取ることができよう。

　心を通じ合わせることは、相手との関係を深めるだけでなく、より良いコミュニケーションを実現するための基盤となる。互いの理解と共感を深めることで、より効果的で意義のあるコミュニケーションが可能になるのである。

5.1　言葉の背後にある意味の解釈

　心を通じ合わせる上での重要な要素として、言葉の背後にある意味の解釈がある。これは、相手が発する言葉の表面的な意味だけでなく、その深層にある本当のメッセージを理解することを指す。言葉はしばしば、個人の感情、経験、文化的背景によって色付けられる。したがって、真の意図を理解するには、これらの要素を考慮に入れる必要がある。

　例えば、ある文化では直接的な表現が好まれるが、別の文化では間接的な表現が一般的であり、これを理解することは国際的なコミュニケーションにおいて特に重要である。また、個人の感情の状態を読み取ることも、言葉の背後にある意味を理解する上で欠かせない。例えば、相手が不安や緊張を感じている場合、その人の言葉はそれらの感情に影響さ

れる可能性が高い。

　このように、言葉の背後にある意味を解釈することで、コミュニケーションはより豊かで深いものになる。相手の言葉だけでなく、その言葉を発する動機や背景を理解することが、真の共感と相互理解への道を開くのである。

　以下に例を挙げておく。

[シチュエーション：職場でのランチタイム]
A「最近えらい残業してはるなぁ。プロジェクト忙しいんちゃう？」
B「ええ、結構大変なんです」
A「大変やなぁ。せやけど、忙しいいうことは大事な仕事を任されてるいうことやね。あんさんの努力、きっと上司はんも見てはるわ」

[シチュエーション：家族の集まりでの会話]
A「B はんが作りはる料理、いつも独創的で面白いわぁ。レシピ通りには行かへんタイプ？」
B「ええ、少しアレンジを加えるのが好きなんです」
A「いつもうちらを驚かせてくれるさかいに」

[シチュエーション：家族の集まりでの会話]
A「昇進おめでとうございます。B はんがここまで上り詰めるはるなんて、驚きましたえ」
B「ありがとう、努力の甲斐があったよ」
A「ほんま、びっくりやわぁ。いつも控えめやのに、こんな大きな役割を果たしはるなんてね」

　これらの例は、いずれも B が A の言葉の意味を解釈するべきシチュエーションである。各々がどのような意図を孕んでいるかについて、賢明な読者の諸君であれば解説は不要であろう。

6　おわりに

　長い歴史と豊かな文化を持つ京都。この古都の息吹の中で育まれたコミュニケーションスタイルは、うちらに多くのことを教えてくれはります。この本を通じて、京都の人々が大事にしとる色んな技術を学びました。これらはただの会話術やのうて、人と人との関係を深めるための、生活の芸術やとうちは思います。

　京都の文化は、その繊細さと奥深さでよう知られとります。ひとことひとことに "真心" を込めて、相手の気持ちを "尊重" すること。これが京都流コミュニケーションの真髄やね。せやけど、このスタイルは京都だけのもんやおへんのです。どの地域、どの文化においても、心を込めたコミュニケーションは人の心を結びつけ、より良い関係を築く基礎やと思います。

　忙しい日々の中で、うちらは真心のこもったコミュニケーションを忘れがちです。せや

けど、この書で学んでくれはった京都のコミュニケーションスタイルを実生活に取り入れることで、人間関係がより豊かに、深いものに変わっていくんです。

　最後に、この本を手に取ってくれはった全ての読者のみなさんへ。京都のコミュニケーションスタイルを学ぶ旅は、ここで終わりやあらしまへん。これは始まりです。日々の生活の中で、この本で学んだことを思い出し、実践してみておくれやす。そないすることで、コミュニケーションスキルはさらに磨かれ、人生がより豊かなものになります。

　ほな、よろしゅうたのんます。

京都人が教える本当に気持ちの良いコミュニケーション

2023 年 12 月 31 日 初版 発行

著 者	もる
発行者	星野 香奈 (ほしの かな)
発行所	同人集合 暗黒通信団 (https://ankokudan.org/d/)
	〒277-8691 千葉県柏局私書箱 54 号 D 係
本 体	200 円 / ISBN978-4-87310-273-3 C0039

えらいお上品でよろしおすなぁ。